Allen gewidmet

coniunctio

Martin Rück

coniunctio

Bibliografische Information der Deutschen Nationalbibliothek
Die Deutsche Nationalbibliothek verzeichnet diese Publikation
in der Deutschen Nationalbibliografie;
detaillierte bibliografische Daten sind im Internet
über http://dnb.d-nb.de abrufbar.

Titelbild: Aquarell von Daniela Rück „Mondnacht" (2004)
Umschlagdesign, Satz, Herstellung und Verlag:
Books on Demand GmbH, Norderstedt

ISBN 978-3-8448-2086-7

Inhalt

BEOBACHTUNGEN

im büro

dokument1
word
datei bearbeiten
ansicht einfügen
format extras
tabelle fenster
edocprinter pdf
standard lucida sans 11,5
anwendungsportal
gesendet
vorgangsorientiert
comassistant
telefonbuch
dokument1

....
MR20090814

blau

blaukreuz
blautopf
blauer nil
blaue mauritius
blauglockenbaum
blauer schwede
blaufäule
blausterne
blauschimmel
blaukraut
blaubeere
blauwal
blaumeise
blaukehlchen
blaufuchs
blaualgen
blaue augen
blauer gürtel
blauer mond
blauer reiter
blaue nacht

blaue blume
blaue berge
blauer montag
blaues blut
blaulicht
blauhelm
blaues band
blaubart
blaustrumpf
blaumann
460 bis 480 nanometer
ultramarin und indigo
azurit und kobalt
die farbe eines klaren wintertages
schatten in sonnig bestrahltem eis
bewirken kälte
ferne und sehnsucht
beruhigung
mäßigung

....
MR20090813

Im Teeladen

Guten Tag,
bitte schön?

Ich hätte gerne Tee!

Schön, welche Sorte?

Na, einen Tee halt,
was gibt's denn für welche?

Nun, wir haben
grünen, schwarzen, weißen,
halbfermentierten, parfümierten,
Kräuter- und natürlich
Früchtetee!

Puh, das ist jetzt richtig schwierig ...

Ja, was mögen Sie denn für Tee?

Nee ... der Tee
ist nicht für mich,
soll ein Geschenk sein.

Ja, und was mag
der Beschenkte denn für Tee?

Keine Ahnung ...
war halt so 'ne Idee
mit dem Tee.
Probieren kann ich den Tee nicht, gell?

Nee, höchstens dran riechen!

Na, ich glaub ...
Ich nehm dann lieber erst mal
'nen Prospekt mit ...

Gute Idee!

....
MR20090814

hallo
ich bin's!
bist du's?
-----------nein---
ich versteh dich
grade
ganz schlecht
-----------nein---
ich bin gerade
in der s-bahn
-----------was?---
in fünf minuten
bin ich da
holst du mich ab?

....
MR20090814

dunkelblaue quadrate
auf blauem stoff
s-bahn-sitze
geduldig aufgereiht
in vierergruppen
zweckgebunden
unbeachtet

müsst viel ertragen
klamottenmief und
straßenschmutz von schuhen
einkaufstaschen
aktenkoffer
handytöne
dummgeschwätz

wenn ihr
gedanken lesen könntet ...

....
MR20090814

schriftwerk

leichter farbauftrag
der spitze meines stiftes
formt einen strich
gerade und gekurvt
zwischendurch mal
abgesetzt und punktig
striche punkte kurven
formen lettern
tönende und mittönende
lippige zahnige kehlige
lettern formen silben
und phoneme
kurze lange leichte schwere
vor und nach

silben formen worte
nomen verben adjektive
numeralia determinative
pronomen quantoren
adverben präpositionen
junktoren interjektionen
und partikeln
worte formen satzteile
subjekte objekte
und prädikate

satzteile formen sätze
zeitliche bedingende
einschränkende
begründende beschreibende
vergleichende gegenüberstellende
zweckige folgige ortige
haupt und neben
relative

sätze formen absätze
absätze formen kapitel
kapitel formen bücher
bücher formen bibliotheken

und der inhalt?

....
MR20090824

der zwölfte

auge sieht
ohr hört
nase riecht
zunge schmeckt
hand greift
sechster sinn
siebter sinn
haut spürt
nerven schmerzen
innenohr balanciert
tiefensensibilität
nimmt aus dem innern wahr

wahnsinn

....
MR20100302

maskierung – demaskierung

nebel deckt
wie weiße watte
wabernd wässrig
wilde weiten

ton verstummt
der dröhnend dumpfe
durch die dünung
demut denkend

gesichter starren
maskenmienen
mausgrau mürrisch
meistens mutlos

sonne strahlt heraus
leute lustvoll läuternd
liebe lachend
larven lockernd

....
MR20100302

Läuterung

Ein junges Mädchen
denkt sich grade:
„Oh, wie wirk ich
nur so fade!“

Nimmt darum her,
mit viel Entschluss,
die scharfe Scher,
tut, was sie muss,
und schneidet von
dem Hüfttextile
nun ab, was ihr
schon lang zu viele!

Daraus wird nun
ein Minirock,
der knapp bedeckt
das Krausgelock!

Ein junger Mann
schaut voll Entzücken
kopfdrehend hin,
tut sich gar bücken ...
Sein Leben endet
unvermutet,
unter der Trambahn
er verblutet!
Als Englein sieht er nun
das Weib von oben,
kein Blick mehr
unter Rockes Saum!
Die Illusionen sind zerstoben,
das war wohl wirklich
nur ein Traum!

....

MR20100309/20101206

zutaten

manche versuchen
einen fruchtcocktail zu mixen
ohne obst

manche versuchen
einen garten zu bestellen
ohne erde

manche versuchen
das große und ganze zu sehen
ohne augen

manche versuchen
zu schwimmen
ohne wasser

manche versuchen
lieder zu singen
ohne melodien

manche versuchen
frei zu sein
ohne distanz

manche versuchen
zu leben
ohne gefühle

....

MR20101128

verleger

was passiert eigentlich
wenn der inhaber eines verlags
seiner aufgabe als verleger
nicht nachkommen kann
weil er das manuskript
eines extrem begabten autors
einfach verlegt hat
und es selbst höchst verlegen
und unter aufbietung aller
erinnerungskraft
nicht mehr wiederfindet

nicht passend ins
verlagsprogramm
bringt er dann nur noch
verlogene worte heraus
dem angebornen
verla-gen gehorchend

....
MR20101209

wort und ton

befehl an
den sprechapparat
tongebung gleichmäßig
kaum emotion dennoch deutlich
leise höher und tiefer gestaltend
wie eine melodie
atem zwischendurch
an geeigneter stelle
blicke zum empfänger
betonende pausen
finales punktsetzen
eindrücklich sinnperformend
war's musik
die da klang

....

MR20101209
(für DS in Erinnerung an die Rezitation von gestern)

szene 1: mein besteck fehlt

große sonnenschirme
quadratisch ausladende
bierreklame tragende
schirmen bereits
den kühlen schatten
metall klirrt leis
auf steinguttellern
pegelsumme
von murmeldialogen
dringt an mein
aufmerksames ohr
hochgeschobene
designerbrillen vermitteln
versuchte eleganz
blickschweifend
frauensuchend
weizentrinkend
sitz ich am zweiertisch
seh den berg
von schwarzen muschelschalen
den raucherrauch
zwischengängig
die alten freunde beim rosato
eilige läufer aus büros
zwei frauen
wichtiges besprechend
und dabei schlemmend
junge mädchen
engbehost sich bückend
braune rückenhaut enthüllend
herrlich anzuschaun

handys ohrendrückend
körperteilen gleich
die träger dennoch
einer hand beraubend
ipodkabelbaumelnd
fetzen von lebhaftem mediterran
küsschen links und rechts
pizza teilverkohlt
und mein besteck fehlt

....
MR20110419

Fragebogen

Wo stehe ich?
Was muss ich können?
Was muss ich dazu noch lernen?
Wie kann ich das effizient lernen?
Wo fühle ich mich unsicher?
Welchen Themen gehe ich aus dem Weg?
Was genau will ich lernen
im Bereich der Fertigkeiten?
Was genau will ich optimieren
im Bereich der Einstellung?
Was genau will ich entwickeln
im Bereich der Identität?
Was würde mir helfen?
Wer könnte mir helfen?

Mehrspaltig
grau unterlegt ein Termin:
Fit für die Zukunft!

....
MR20110511

viermensch

ein quadrat ist ein rechteck
ein rechteck ist ein gleichschenkliges trapez
ein gleichschenkliges trapez ist ein sehnenviereck
ein sehnenviereck ist ein konvexes viereck
ein konvexes viereck ist ein viereck
ein rechteck ist ein parallelogramm
ein parallelogramm ist ein trapez
ein trapez ist ein konvexes viereck
ein gleichschenkliges trapez ist ein trapez
ein quadrat ist ein rhombus
ein rhombus ist ein parallelogramm
ein rhombus ist ein drachenviereck
ein drachenviereck ist ein tangentenviereck
ein tangentenviereck ist ein konvexes viereck

mutter vater kind kind
alle hergestellt aus a t g c
alle leben im raum von zeit ergänzt
alle nehmen die jahreszeiten wahr

prinzipiell zwei menschen vier augen
er schenkt ihr einen grünen beryll
sie hören die fantastischen vier
sie sehen vier fäuste für ein halleluja
und vier letzte lieder erklingen

die kunst der vervierung

viermensch sei achtsam
und behüte deine seiten

....
MR20110824

diese welt
ein leises grün
ein rotes schreien
ein warmes blau
eine gelbe hitze
ein dunkles klagen
ein eisiges tönen
einziger lauwarmer laut

....
MR20110922

DIES UND DAS

Dunkelheit

Dunkelheit
ist Mangellicht
und kalt.
Undurchdringlich
blendet sie
den Augensinn.
Tastend nur
bewegt der Ängstliche
den Zauderfuß.
Geräusch erschreckt
das Ohr,
das nun so wichtig.
Berührung zuckt
aus reinem Zufall
da dem Bangen!
Den Schrei erstickend
stockt der Atem
unsrem Zauberlehrling!

Doch trostvoll klingt's ihm
von der Seite:
„Ich bin's doch,
Dein Nebenmensch!"

....
MR20100301

Baumes Traum

Stehst einfach da.
Nicht mehr, nicht weniger.
Kein Sturm hat dich entwurzelt.
Kein Moos hat dich geschwächt.
Keine Dürre hat deinen Wuchs behindert.
Kein Käfer hat dich krank gemacht.

Hast deinen eignen Rhythmus,
im Herbst von Grün auf Braun
die Kleidung wechselnd,
im Winter nackt
und innerlich nur lebend,
im Frühling freudig
gelbgrün sprossend sonnenwärts.
Im Sommer Überfluss gewährend,
Früchte tragend.

Sag an mir, Baum:
Hast du wie ich
vielleicht den Traum,
so einfach nur
wohin zu wandern?

....

MR20101031

Tervauscher-Giespel

Ich dacht', ein Spiegel
sei ein Vertauscher!

Wenn ich aber reinschau
und lächle,
dann lächelt mein Spiegelbild auch!
Die grauen Haare unverändert grau,
die Falten in den Augenwinkeln unverändert tief,
die Wangen bleiben einfach rundlich.
Alles ich!

Es war ein Irrtum,
ein Spiegel vertauscht nichts,
außer eben: links und rechts!
Selbst die Tatsache,
dass er oben und unten
eben nicht vertauschen kann,
verdankt er nur dem Umstand,
dass meine Augen
nebeneinander, nicht übereinander,
angeordnet sind!

Du kannst mich nicht verändern,
Tervauscher-Giespel!

....
MR20101031

Das warst Du!

Im Raum
für eine kleine Weile

friedvolle Stille:
das warst Du
mit Deinem Lied!

gelockerte Gesichter,
selig lächelnd:
das warst Du
mit Deiner Stimme!

hoffende Herzen,
höher schlagend:
das warst Du
mit Deiner Klarheit!

feuchte Augen,
trostvoll freudige:
das warst Du
mit Deiner Natürlichkeit!

Menschen, vereint
für Momente:
das warst Du
mit Deiner mutigen Stärke!

Geh Menschen fangen
mit Deinem Stimmbach,
der silberglänzend
über Kiesel springt:

sie werden Dich lieben!

....
MR20101113
(für SF)

steinerner bergfried
auf hoher wacht
zerbrochen die mauern
geknickt deine bögen
geschleift deine zinnen
und wehren
unbelebt deine
einst beheizten kemenaten
keine feste mehr
im vormals prächtigen palas

wanderer schleicht fröstelnd
durch das kalte steinskelett
sieht nicht die schwarze frau
im dünnen gewand
die das gesicht
mit spitzen tief verschleiert
verlockend um die
mauerreste huscht

dann aber doch
auf höchster spitze
nimmt er wahr
die verführerische gestalt
die winkt und lächelt

komm zu mir mein reizender held

geht scheinbar die schöne hexe
auf ihn zu
und nun verführt sich näher wagend
umarmt der wandrer schwarze schemen
stürzt sehnend
in die tiefe

....
MR20110316

thailand

am songkran
wechselt die sonne
den tierkreis
du gieße jasminwasser
über die hände der alten
häufe sand zu einem chedi
im vorhof des tempels
opfere im wat früchte und reis
gib dich dem wasser hin
der reinigung
der säuberung
lausche dem khruong sai
der so duong
der pi nai
der siebengeteilten oktave
genieße den krachae
den saft der jungen kokosblüten
zum exotischen gaeng
die rote sonne
über silbrigem wasser verlöschend
den warmen sand auf deiner haut
das sanfte wellenrauschen
die fremden kräuterdüfte
in der luft die leidenschaft deines liebsten

....
MR20110404

ich mach dich
ich hab dich
ich lebe in dir
ich gebe mich dir hin
ich halte an dir fest
ich klammere mich an dich
ich lass dich mir nicht nehmen
ich lass mich nicht aus dir reißen
niemand soll dich zerstören
niemand soll dich platzen lassen
niemand soll dich zunichtemachen

bist wie ein süßer wahn
ins innerliche spiel geworfen
wie ein verführerisches trugbild
erdichtet fiktiv und eingebildet
vorgegaukelt schimärenhaft
fata morgana und schöner schein
schillernde seifenblase
geträumter wunsch
gewünschter traum
luftschloss über allen wolken
phantastisches hirngespinst
romantisches wolkenkuckucksheim
du meine illusion
ich lass dich mir nicht nehmen

....
MR20110408

meine träume

menschen zu berühren
eine symphonie zu dirigieren
zu singen wie bryn terfel
einen großen roman zu schreiben
ein wichtiges buch zu veröffentlichen
die welt positiv zu verändern
einen jungen körper zu haben
menschen glücklich zu machen
immer das zu tun was richtig ist
immer das zu fühlen was richtig ist
immer selbstbestimmt zu handeln
vor den göttern dereinst gnade zu finden
etwas wertvolles zu hinterlassen
in den weltraum zu fliegen
die ewigkeit zu spüren
menschen zum lächeln zu bringen
menschen träume zu erfüllen
immer einen gesunden verstand zu haben
ein restaurant auf einer kleinen Insel zu eröffnen
das böse zu besiegen
neue blumen zu züchten
neue parfums zu kreieren
wunderschöne gemälde zu malen
bedingungslos lieben zu dürfen
nicht vergessen zu werden

....

MR20110426

Refugium

Lebendiger Fleck
in unwirtlicher Wüste!
Hege Deine Quelle
und erquicke
den müden Wanderer.
Spende Schatten
dem erhitzten Blut.
Erfülle Dein Wadi
mit köstlichem Wasser.
Halte ein,
trockenheißer Sand,
und überdecke nicht
das zarte Grün.
Beruhige meine Seele,
Du, meine Rettende.
Beschirme mich,
Du, meine Oase Zerzura!
Weiße Stadt
in Sandes Hand.
Oh, wie mich dürstet!

....
MR 20110510

Spabrücken

Schattenwirbelwolkengeister
jagen, wild getrieben,
über weites Graugelbrosa,
den Himmelgrenzenfarbstrich
zerteilt zufallsharmonisch
ein Halbkugelbaum.

Wattearchitekten, kühne,
häufen hohe Wolkentürme
in das Stahlblau
überm Kornfeldrauschen.

Schwalbenjäger tauchen
in das Ährenmeer,
Flatterlinge suchen vertrauensvoll
die Hoffnungsdistelhalte.

Sahnekugelballen
am Kornblumenfirmament
mahnen den Wanderer
zum Einkehrkaffeefrieden.

....
MR20110808

oneiros

du hüter meines schlafes
zeige mir deine bilder
erfülle mir
meine geheimen wünsche
lasse mein gehirn
zur ganzheit reifen
schenke mir von fall zu fall
reinigendes vergessen
erlösendes verarbeiten
entspanne mich
mache mich kreativ
ebne meine trüben emotionen
zum sanften gleichgewichte hin
schenke mir
deinen tagesbruder
wenn eine schöne sich mir zeigt
als traumhaft zwar
und doch begreifbar
wie du durch meine hände
achtsam sei achtsam
träumer
damit du nicht verwechselst
traum und wirklichkeit
aber lass
die seifenblasen leben

....
MR20110816

Kreislauf

Still räkelt sich der Morgen
aus seinem tiefen Bettendunkel,
voll Ungeduld und lang verborgen,
gleicht einem frechen Taghomunkel!

Nebelschwad' weicht Feuerball,
blaue Stunde immer bunter,
Lebenslärm nun überall
tönt zu meinem Ohr herunter.

Körpers Völle drängt nach Leerung,
zwingt mich auf die Tageswege,
in dieser täglich' Wiederkehrung:
schwere Gedanken, die ich hege!

Körpers Leere möcht' nun Nahrung,
ein schlimmer Hunger, der mich führt
zu einem – welche Offenbarung! –
ganz vollen Kühlschrank: bin gerührt!

Morgentexte richten be- und nach-,
ich selbst bin nun allmählich wach.
Und zu guter Letzt ich fröne
noch kurz der Körperhygiene.

Auf die Tür, raus!
Sieh dich für, Maus!
Zu die Tür, draußen!
Lass jetzt die Flausen!

Hinweg – Bus, dort Lesen,
Dortsein – Muss, mit Spesen!
Heimweg – Bahn, dort Sudoku,
Sitznachbar schaut einfach zu.

Auf die Tür, rin!
Mein Heim ist mein Schloss!
Zu die Tür, drin!
Hier bin ich Boss!

Tagesaustausch mit der Frau
und Kurzgefloskel mit dem Kind,
danach weiß ich dann ganz genau:
Strophe vier! Aber geschwind!

Schirmesbild
wirbelt wild!
Schlafkopf
(armer Tropf!)
in den Nacken fällt,
dunkel wird nun meine Welt.

Abend schleicht daher so träge,
bunte Töne werden grau.
Wenn doch schon im Bett ich läge,
neben meiner schönen Frau!
Doch Morpheus narrt mich nun
(statt ihrer),
hat wohl nichts Besseres zu tun!
Verführer!

Da erlieg' ich ihm ohn' Sorgen
und nach vielen Schlafesstunden,
die ich diesmal leicht gefunden,
still räkelt sich erneut der Morgen ...

....
MR20110826

Ich bin bei dir,
alle Tage,
bis an der Welt Ende!
Schade ...
So kurz nur ...

....
MR20110826

schöner schein
schussliger schlampereien
schlimme schieflage
schaurigen scheinwissens
schamvoller schock
schlechtes schicksal schützend
schampanjerschlürfend
schon schön

....
MR20110826

Seh' ich was?
Ich seh' was!
Was seh' ich?
Sieh doch nur!
Kuck mal!
Sieh nicht hin!
Denn siehe!

....
MR20110826

nachricht berichtet
von der gesamtrichtung
so richtig abgerichtet
gericht richtet
vor der hinrichtung
letzte verrichtung
blick und hals bricht
durch vorrichtung
soldaten stehn
in ausrichtung
nachricht berichtet
von der gesamtrichtung
so eingetrichtert richtig

....
MR20110826

Der Reisende

Ein jeder reist auf seine Weise,
hofft auf Ankunft, Wiederkehr.
Doch mancher kehret nimmer mehr:
er bleibt am Zielort, still und leise.

....
MR20110906

Reihenfolge

Erster, erstaunlich.
Zweiter weiterhin.
Dritter Trittbrettfahrer,
Vierter Verführter.
Fünfter künftig.
Sechster erwächst,
Siebenter Liebender!
Achter Lachmacht.
Neunter Freund.
Zehnter gähnend
vor Langeweile.

....
MR20110906

Es spült ein sanfter Wasserhügel
den warmen, weichen Glimmersand
um meine tiefen Körperformen.
Da werd' auch ohne jeden Flügel
ganz leicht ich, ohne alle Normen,
die ich doch eh noch nie verstand.

Trüg sie mich fort, die kleine Welle?
Käm' ich wohl mit, so auf die Schnelle?
Ach, ihre vielen nassen Schwestern,
rollen plätschernd, unnachgiebig,
die Sandeskuhl' ist bald von gestern.
Diesen Gedanken, ja, den lieb' ich!

....
MR20110909

rest

so viel noch würd' ich
wenn
so viel noch tät' ich
was tät' ich denn
was müsst' ich überhaupt
was könnt' ich, wenn nicht
und wo ich doch
auch gar nicht darf
sollen doch
auch mal
die andern

....
MR20111005

DUNKLES

opus 45

mensch
begreif doch:
irgendwann
ist schluss mit dir
dein leben ist begrenzt
und oft so ziellos
dass du wegmusst

alle menschen
die sich so sicher sind
sind wie ein nichts
vor dem universum

sie torkeln umher wie schatten
und sind voller hektik
sie sind mit nichts gekommen
und raffen
und gehen wieder
mit nichts

nur hoffnung kann uns trösten

....
MR20100217

Der Tunnel

Langsam nur,
fast schwimmend
in der dicken Masse,
die ich atme,
geh' ich eine Straße.

Lebenslärm
erklingt nur wispernd,
Kopfgeräusche
wirbeln dröhnend
innerhalb der Wattebäusche.

Pflichtautomatik
lenkt mühsam meinen Gang.
Einen Sinn mir suchend
frist ich mein Leben,
unter Zwang oft fluchend.

Hat denn ein Tunnel
nicht einen Anfang
und ein Ende?
Wie schön, wenn ich
ein warmes Nest dort fände!

....

MR20100503

disloziert

schwere eisenträger
rostmetallig glänzend
im tristen nieselregen
parallel verlegt zu gleisen
zum ziel hin führend
vom anfang kommend

meine aufgerissnen augen
blicken im rechten winkel
über sie hin
den anfang und das ziel
nicht sehend
sondern nur
graurote schotterecken
gelegentlich verziert
mit abfallflaschen
und ruprechtskraut

....
MR20100507

gefangen

so viel drin in mir
das nicht raus kann
das nicht raus darf
das aber raus muss

wer dreht mich um 90 grad
stehend vor dem eisengleis
damit ich wieder
anfang oder ziel erkenne

wer beruhigt
das zittern meiner hände
wer trocknet
mir den schweiß
wer lindert
mir den druck
auf herz und augen
wer weitet
meinen blick

....
MR20100512

Mag nicht und mag

Mag keine Abzweigungen mehr,
die in Sackgassen enden.
Mag auf keine Berge mehr steigen
und dann nur in Abgründe sehen.
Mag keine Masken mehr tragen,
die doch so starr sind.
Mag keine Verluste mehr,
denn sie verringern mich.
Mag kein Weinen mehr,
denn es zersprengt meinen Kopf.
Mag keine Angst mehr,
denn sie schickt mich ins Dunkel.
Mag nicht mehr kämpfen,
wo doch Friede so viel besser ist.
Mag nichts mehr tun,
was durch Leere glänzt.
Mag nicht mehr rufen,
denn meine Stimme schmerzt mich.

Mag nur noch fallen
in weiche, wohlige Wärme.

....
MR20101122

Wohin?

Krahkrahkrah von großen Raben
schneidet durch den weißen Flockenfall.
Wo sind die Farben hin?
Allem Abschied wohnet Trauer inne
und Anfangsfurcht nebelt mich an.
Wo ist die Hoffnung hin?

Starke Vernunft dämpft weiche Gefühle,
mein Herz umfasset harte Kühle.
Wo ist die Zärtlichkeit hin?
Realität zerbricht mir meine Reime,
erstickt Gedankenkraft im Keime.
Wo ist die Sorglosigkeit hin?

Ein kleiner Funke nur, ein Wunder,
lebt nur noch kurz, so ohne Zunder.
Wo ist der Feuerwind hin?
Bin so voll von zarten Fühlgedanken,
die hin zu Menschen wollen!
Wo sind die Ohren hin?

Lebensmauern engen mich,
kraftlos bleibt der Sprengversuch.
Wo sind die Blumenboote hin?

....

MR20101123

zu viel gesponnen
zu viel gesagt
zu viel interpretiert
zu viel insistiert
zu viel gefühlt
zu viel gelebt
zu viel genossen
zu viel geliebt
viel angst
keine antwort
große leere
stechender schmerz
game over

....
MR20110316

grad dacht ich noch
ich lebte
warst immer um mich
strahlende iuventas
zarte jugendgöttin
im leichten feenkleid
tu quoque puella mea
umhüllen
muss ich dich
mit schwerem eichenholz
aufhäufend
tannenreis und nadeln
über deinem tristen heim
aus dem so sterbend
seelenwölkchen quellen
hinauf hinauf hinauf
zu anderen gefilden
senex bleibt zurück
der verlassene hoffer
der hoffende verlasser
möchte schweben
schweben

....
MR20110427

LIEBE UND EROTIK

Amor nefastus

Ich habe sie gehört,
Deine süßen Töne,
Aoide!
Sie haben mich betört,
Du zarte, junge Schöne!

Klingen immer noch
mir nach im Geiste,
doch überstark und dreiste
verhindert lauter Alltagsschall
von oben, unten, überall,
ein zärtliches Erfüllen
und schlägt die Liebe
sehr in Hüllen!

Mneme ist die Erste,
hilft beim Erinnern,
Melete ist die Zweite,
hilft beim Träumen.
Liegend in der großen Weite
schreib ich der Dritten
unter Bäumen.

....

MR20090811/20101206

Sagitta nuntifera

Flieg, Gedanke!
Flieg und triff
gefiedert sicher in ihr Herz.
Berichte ihr,
woran ich kranke,
wohin mein Seelenschiff
mich schaukelt voller Schmerz.

Ach, käm' doch der Pfeil zurück
mit ein, zwei süßen Worten!
Vom Großen nur ein kleines Stück:
wie gerne wollt' ich's horten!

....
MR20090811

coniunctio

mit dir wird
aus gelb und blau rot
mit dir wird
aus zwei und zwei fünf
mit dir wird
aus berg und tal himmel
mit dir wird
aus hund und katz ein zoo
mit dir wird
aus anfang und ende fortsetzung
mit dir wird
aus feuer und wasser champagner
mit dir wird
aus freude und leid leben
mit dir wird
aus schwarz und weiß bunt

....

MR20090813
(für L)

secessio

ohne dich wird
aus gelb und blau schwarz
ohne dich wird
aus zwei und zwei null
ohne dich wird
aus berg und tal hölle
ohne dich wird
aus hund und katz krieg
ohne dich wird
aus anfang und ende langeweile
ohne dich wird
aus feuer und wasser gallendampf
ohne dich wird
aus freude und leid tod
ohne dich wird
aus schwarz und weiß grau

....

MR20090813
(für L)

laetitia

versunken
in deinen tiefen augen
versteckt
in deinen langen haaren
verglühend
an deiner weichen haut
ertrinkend
in deinem süßen mund
umschlungen
von deinen zarten armen
gekost
von deinen sanften hügeln
umklammert
von deinen festen schenkeln
verhauchend
in deinem warmen atem

....
MR20090813

postulatio

lass mich
das lied sein das du singst
wenn du fröhlich bist
lass mich
der klang sein den du hörst
wenn du glücklich bist
lass mich
der duft sein den du riechst
wenn du am tage träumst
lass mich
das tuch sein das deine tränen fängt
wenn du traurig bist
lass mich
der arm sein der dich hält
wenn deine kräfte schwinden
lass mich
das lob sein das du brauchst
wenn du zweifelst
lass mich
der bach sein der dich tränkt
wenn du erschöpft bist

lass mich
der baum sein der dir schatten spendet
wenn du ruhe brauchst
lass mich
das bett sein in dem du liegst
wenn du schlafen willst
lass mich
die wärme sein die dich umfängt
wenn du dich fürchtest
lass mich
dein alles sein

....

MR20090813
(für L)

Kampf

Kämpfen
gegen Gefühle:
was für ein schlimmer Feind!

Kämpfen
für Gefühle:
was für ein kühner Traum!

....
MR20090821

Oder

Lieber lieben
oder
lieber geliebt werden?

Das Eine ohne das Andere:
wie schmerzlich, hoffnungslos!

Das Andere ohne das Eine:
wie belanglos, lästig!

Beides nur zugleich
ist Seligkeit!

....
MR20090821

desiderio ardens

a ist
b ist
alles andere liegt dazwischen
a ist
b ist
jahrzehnte liegen dazwischen
a ist
b ist
distanzen liegen dazwischen
a ist
b ist
ängste liegen dazwischen
a ist
b ist
türen liegen dazwischen
a ist
b ist
sprachlosigkeit liegt dazwischen
a ist
b ist
bettlaken liegen dazwischen

a b sind

....
MR20100302

Auf und ab

Liebeslaub
fällt vom Sehnsuchtsbaum.
Kalte Feuchte modert bodig.
Schnee bedeckt wie weiße Watte
farblos – fahle Blätter,
dunkle Erde, schwache Halme.

Vom Eise befreit der Dichter
im Frühling Strom und Bäche
und blaue Zeitenbänder
streifen ahnungsvoll das Wartende.

Da keimt's dann auch
im Unterirdischen,
erst zögernd noch, dann freudiger,
den Puls beharrlich
grünwärts jagend.

....
MR20101122

Bewegte Wasser

Tsunamis sind zerstörerisch.
Riesenwellen werfen Schiffe um.
Große Wellen machen seekrank.
Mittlere Wellen plagen Schwimmer.
Kleine Wellen streicheln zärtlich
den Seelensand am Ufer,
bevor sie in ihm versickern.

....

MR20101123
(für UG)

Gefühlsnatur

Die Wut gewittert
blitzend durch die Nacht.

Der Hass erbricht sich
rauchend aus Vulkanen.

Die Angst zeigt geisternd sich
im Blätterrascheln.
Die Trauer – wüstenglühend –
welkt die Blumen.

Der Schmerz knickt stürmend
starke Bäume.

Die Freude plätschert glücklich
durch die Bäche.

Der rechte Stolz
lässt hohe Berge wachsen.

Die Hoffnung
sieht die Sonne steigen.

Die Liebe
liegt wie eine bunte Wiese.

Ich will dazu mich legen!

....
MR20101123

Vollendet

Deine Fragen
sind gestellt.
Dein Lächeln
strahlt mich nicht mehr an.
Deine Augen
glänzen nicht mehr zu mir herüber.
Deine Freude
wärmt mich nicht mehr.
Deine Arme
umfassen mich nicht länger.
Deine Wange
liegt nicht mehr an meiner.
Deine Hände
liegen nicht mehr auf meinen Schultern.
Dein Parfüm
ist verhaucht auf meinem Arm.
Deine Schritte
vor meiner Tür sind verhallt.

Aber auch meine Tränen
sind geweint,
denn ich habe Dich
mit mir genommen.

....
MR20101126

Öffnung 1

Ich will Dich öffnen mir
wie ein spannendes Buch
und darin lesen.
Ich will Dich öffnen mir
wie eine Flasche guten Champagners
und von Deinem Prickeln trinken.
Ich will Dich öffnen mir
wie eine Schachtel süßer Pralinés
und Deine Köstlichkeiten essen.
Ich will Dich öffnen mir
wie eine Partitur
und Deine Melodien hören.
Ich will Dich öffnen mir
wie einen Kleiderschrank
und Dein Feinstes mir erwählen.
Ich will Dich öffnen mir
wie ein Fenster
und Deinen frischen Atem trinken.
Ich will Dich öffnen mir
wie eine Tür
und mit Dir unbekannte Wege gehen.
Ich will Dich öffnen mir
wie eine Schatulle
und Deine Schätze sehen.

....

MR20101129

Öffnung 2

Mein Schlüssel ist
mein liebstes Werkzeug,
öffnet er doch leicht
so manches Schloss!
Gern greif' ich die Räute,
führe lächelnd seinen Bart
in den Hohlraum
an der schönen Pfortenpracht,
alles gut geölt
und leicht zu drehen.
Entriegelung geschieht,
Paradiese öffnen sich.
Lange steht die Pforte
offen noch und hell!
Mein Schlüssel ist
kein Gegenstand
des täglichen Bedarfs ...

....
MR20110428

Teilchen

Bist wie ein Puzzleteilchen,
mal passt Du zu mir
und oft auch nicht.
Dann versuch ich,
Dich mit roher Kraft
in meine Lücke einzupassen.
Da kann ich aber noch so ringen,
dies wird niemals mir gelingen!

Bin beim Suchen oft
so leidend ungeduldig.
Versteckst Dich gut!
Bist auch dran schuldig!

Dann dieses unverhoffte Finden!
Es verwandelt mich
in einen Schülerknaben,
dessen unbezähmbar Sehnen
jubelnd endlich sich erfüllt!

....
MR20101129

vergessen

wollte dich verscharren und
mit dem radiergummi
tilgen aus meinem hirn
löschen mit delete
aus meinem strapazierten
fühlgedächtnis
suchte übles böses und
verachtenswertes
um süße reproduktionen
zu erschweren
schaltete vernunft ein
warf alles weg
versuchte die bilder
zu übermalen
ist vergessen ein schutz
vor zu viel wissen
dann kann's ja
noch nicht klappen
wo ich doch
noch nicht voll bin
episoden emotionen
immer noch fest
encodiert in der langzeitecke
verdammter neocortex

....

MR20101209

Suche

Ich sehne mich nicht
nach der Sucht,
ich suche
nach der Sehne,
die gespannt wird
vom Bogen der Erwartung,
die, losgelassen dann,
den Pfeil der Leidenschaft
ins Ziel schickt.

....
MR2011????

ich sitz
und hör
und weine
du für mich
und ich der deine
kann nicht sein
bin allein
melodie
von großer leere
füllt augen mir
mit tiefer schwere
atem ach
geht so flach
brust zerrissen
will küssen
küssen küssen
bin so müd
wasser quillt
vom augenlid
lächeln bleib
und vertreib
die liebesschmerzen
aus meinem
dämmerherzen

....
MR20110203

goethlich

tags
schimmert sonne
strahlend vom meer her
nachts
flimmert mond
sich spiegelnd in klaren quellen

einsamer reiter
auf staubigem weg am horizont
brücke schreckt
übcr brodclndcm abgrund
schwellende wasser drohen

so werd' doch ruhig
und lausche schweigend
dem stillen wald

ob sonn oder sterne
ob nah oder ferne
über allem
in allem
nur du

....
MR20110309

kleiner tresor für zwei
eins sein wollend
distanz geringer
als die diagonale
durch den raum
höchste spannung
zwischen elektrodenwesen
plasma bildend
leuchtender lichtbogen
verstehende reinheit
kein fordern kein warten
kein er-warten frau sein
kein sie-warten mann sein
einfaches geben schenken
einfaches nehmen genießen
kindliches sich an einander freuen
natürliche nacktheit
nur luftmoleküle als grenzhaut
samtweiche menschenwärme
friedvoll zeitlos
dasein und nähe
trotz großer ferne
wenn's sonn nicht ist
dann eben sterne
wenn reden zu schweigen wird
und silber zu gold

....
MR20110309

du schenkst mir
einen zustand tiefster vertrautheit
unverletzter zweisamkeit
körperlicher nähe
emotionaler berührung
zärtlichster liebkosung
ausdruck
von sympathie und empathie
tiefer blickkontakt
es ist mehr
als ein unterhaken der arme
als ein kuss auf die wange
als eine begrüßende umarmung
als ein kurzes händehalten
als ein familiäres schmusen
süßer rausch
von intimität
weicher runder mosaikstein
der mich der vollendung
näher bringt
wie schön du bist

....
MR20110411

klangsanfter samtraum
schmeichelweißes fließkleid
rosenduftender warmkörper
lippenspielender weichmund
übersinnliche seelenräuberin
tiefschwarzer fallgrund
rotglühende landehöhle
blütenpralle knospengöttin
schwindligwiegendes leiberdoppel
langgedehnter liebesschrei
heißgewordener hechelatem
feuerlöschender sahnefluss
glücklächelnder nasenkuss

....
MR20110411

eine frau
ein mann
und was sie daraus machen
welch unbegreiflich wunder
jeglicher beschreibung trotzend
zahlen machtlos
formeln ohne jeden sinn
bilder nur ein abklatsch
auch chemisch alles nur
um die wahrheit kreisend
das zentrum nicht erreichend
ohne worte
harren hilflos alle schreiber
vor dem ewigkeitenhauch
vor dem kopf bis fuß gefühl
vor der bipolaren spannung
die ausgeht
vom spiegel der venus und
von schild und speer des mars
schreib doch schreiber
schreib so viel du willst
armer sisyphos
auch dein werk
wird der liebe nicht gerecht

....
MR20110416

wenn doch nur endlich
rotglühendes magma
durch meine lenden flösse
und irgendwann erkaltend
die sprache bildete
die ich brauche
meine lust zu zeigen
wenn doch nur endlich
die erde bebte
in meinem geschlecht
wenn doch nur endlich
weiße aschewolken strömten
meine sinne täubend
wenn doch nur endlich
aphrodite schaumgeboren
mein geschenk bekäme
der weltenkreis sich erfüllte
mit meinem erlösungsrufen

....
MR20110416

schau in den spiegel
und sieh diese lippen
die so heiß ich geküsst
betrachte diese wangen
die so sanft ich gestreichelt
diese nase
die neckend ich gestupst
diese haare
die so wild ich verwirrt
staunend bemerke diese augen
in die so lange ich
meinen blick gesenkt
schau in den spiegel
und entdecke
auf diesem gesicht
die langsam sich lösenden
schatten des mysteriums
das geschieht zwischen
frau und mann
oft manchmal selten
flüchtigkeit eignend
wie ein leichtes gas
in die weite wabernd
niemals verloren gehend

....
MR20110416

tausendmal gesehnt
tausendmal gefreut
tausendmal atemlos
tausendmal angebetet
tausendmal gestorben
und doch
mich immer wieder gefunden
im märchen
von der wunderschönen
scheherazade
unsterblichkeit erlangend

....
MR20110416

Annäherung

Scheue Neugier,
Arme linkisch baumelnd,
Verspätungsstammelworte.
Steiltreppe, Atemnot,
Blicke,
nur in die Augen,
Lächeln,
stimmsamtenes Hallo.
Hände in verspanntem Nacken,
lockernd,
Haare luftig spielend
um Gesichter,
Lippen, sanfter Touch,
Zungen, befeuchtend
und durchmischend,
spielkreiselig verschlingend,
lustvoll tiefer forschend.
Wieder Atemnot.
Anders halt,
durch die Nase jetzt,
der Mund verschlossen.
Zartwarme Seufzertöne,
Arme tiefer rutschend,
Rundformen findend,
wie herrlich,
wie schön,
wie ermunternd!

....
MR20110428

die angst sagt
bedenke
die vorsicht sagt
gib acht
die achtung sagt
sei sorgsam
die sehnsucht sagt
oh wenn doch
die ahnung sagt
es endet
die weisheit sagt
es ist so
die begierde sagt
will alles
die zärtlichkeit sagt
wie nah
der mut sagt
tu es
die aufrichtigkeit sagt
es geht
die liebe sagt
wie schön
es kann es muss es darf
alle sagen etwas
du sagst
nichts

....
MR20110508

dein haar
ist wie ein wasserfall
aus blankem gold
deine augen
sind wie tiefe
dunkle bergseespiegel
deine lippen
sind aus saffian
mit speichelfeuchte
sanft bekränzt
dein lachen
ist ein theatervorhang
der sich zum
lustspiel öffnet
dein hals aus zartem elfenbein
lädt ein zu wildem biss
deine stimme ist wie ein bach
der lustig über kiesel springt
deine arme – schlangen gleich –
umfassen fesselnd überall
deine brüste
mit den süßen spitzen
ringgeschmückt
der wunderschöne rest
ich werfe ihn genussvoll
in den rachen meiner phantasie ...

....
MR20110510

alles ist deutlich mehr
als ein bisschen
immer ist deutlich öfter
als ab und zu
ganz und gar ist deutlich besser
als teilweise
mehr ist besser
als wenig
öfter ist besser
als wenig
wenig ist mehr
als gar nicht
selten ist mehr
als nie
ein bisschen ist besser
als keinesfalls
ein wenig zauber ist mehr
als ganz viel realität
zwei ist mehr
als eins
ein schöner augenblick ist mehr
als eine furchtbare stunde
ein blick aus deinen augen ist mehr
als ein lächeln
ein kuss von deinen lippen ist mehr
als ein blick aus deinen augen
und umgekehrt ...

....
MR20110516

o wie ich sie liebe
diese engbestofften frauenhintern
völlig abdrucklos erahnen lassend
süße nichtse oder sogar kühnes nichts
aber auch jene weiß und dünn behosten
verzierte ränder knapper wäsche
verlockend deutlich konturierend
nach fingern dürstend
die keck sich unter gummibünde wagen
und diese windig leicht geschnittnen flatterblusen
selten aber spannend seiteneinblick
auf sanften bergfuß mir gewährend
blass und braun gezonte streifigkeit
blanke achselhöhlen die sich öffnen
zum eingang in geheimnisvolle landschaft
und jene weichen runden busenschalen
die sich vergeblich wehren
gegen festen innendruck
von rosabraunen hügelspitzen
ach diese knackigbraunen thighs
vor blicken völlig ungeschützt
sich dar mir bietend
kess oder sittsam
übereinander nebeneinander
fiebriges harren auf bewegung
um die frage final zu klären
ob sharon stone die einzige war
mit überhaupt nichts drunter

o diese prall gefüllten tops
mit panoramablick auf taleinschnitte
die sich beim bücken noch vertiefen
gebändigtes hängen mit spitzenzierrat
diese blicke ganz oben hindurch
zwischen pobacken und schenkeln
o wie ich sie liebe
die sonne auf ruhigem bahnsteig
die oft selbst feste stoffe
für blicke transparent macht
die dann sanfte silhouetten finden
die eigentlich so keiner sehen soll ...

....

MR20110704

abstreifverzögerung

warst du es enkelspross
der wunderschönen mariamne
die mutter aller stripperinnen
die sich nach sieben schleiern
den tanz mit einem kopf
entlohnen ließ
der sie alle folgten
die lydia thompsons
die la goule
die grille d'egout
oh ihr mata haris
und anita berbers
welch schmerzvolle lustkunst
betreibt ihr mit uns mannvoyeuren
was für ein quälendes warten
auf den hautstreifen zwischen textil
langsam nur breiter werdend
bis zum herrlichen ende

....
MR20110815

meine sinne alarmieren mich
denn sie nehmen dich so deutlich wahr
meine augen durch das bunte licht
das du widerspiegelst
kaleidoskop
meine ohren durch die reinen klänge
die du aussendest
symphonie
meine nase durch die wohlgerüche
die du von dir gibst
duft duft duft
meine zunge durch den zarten geschmack
der dir eigen ist
mundhöhlencuisine
meine haut durch den sanften kontakt
den die deine mir schenkt
touch touch touch

meine sinne kennen auch die schwüle hitze
die du im liebeskampfe abstrahlst
glutfrau
den rasenden schmerz
den dein ekstatischer biss hervorruft
stöhnschwärze
das labile gleichgewicht
das du in schwindel mir verwandelst
taumel taumel taumel
die trügerische eigenwahrnehmung
die du mir so sehr verstärkst
oben unten hinten
vorne links rechts

wahr nehm ich dich
nah und fern nehm ich dich
da dort überall
ersinn ich dich

....

MR20110815

Salome

Bist ganz eingehüllt
in sieben zarte Schleier
und starrend gluterfüllt
erblicken deine vielen Freier,
wie deine nackten Füße
über kühlen Marmor wirbeln,
wie dünne Tücher, ach, du Süße,
sich um deinen Körper zwirbeln!
Zum Orkane schwellen Töne,
deine Schritte werden schneller!
Und als Lohn, du Wunderschöne,
wird kredenzt auf gold'nem Teller
ein totes Männerhaupt
mit leeren Höhlenaugen!
Du zeigst nun blanke Haut
und lüstern-wache Augen saugen
an dem Bild sich fest,
das keiner sich entgehen lässt!
Oh, wär's doch meins,
das deine Hände nun umfassen
und die Lippen eines Steins
in feuchter Lust vergehen lassen!

....

MR20110818

NONSENS

Viecher einmal anders

Der Schmetterling
ist gelb und wohlgestaltet:
kein Wunder, dass er da
so oft Zitronen faltet.

Es girt der Aff',
es ruht das Käng,
die süße Ele fantet
begeistert in die Meng'.

Und ein echter Knochenfisch
welst froh sich unterm Speisetisch.

Das Wild ist frei,
der Jäger sieht's
als Freiwild
und schon flieht's!

Der Bock mit 'nem verdorb'nen Magen
lässt ungern nur ins Horn sich jagen.

Im tiefen Bau das Nickel kart
und schaut,
wie sich's am besten paart.

Der Sittich achtet sehr
in allen wesentlichen Fällen,
dass er nicht kommt in tiefe Wellen.

Die Schlange kuckt,
das ist ihr Wille,
gelegentlich auch ohne Brille.

....
MR20100301

Die Stubenfliege
denkt sich leise:
„Solang ich um
die Fugen stiebe,
verhalt' ich mich
auf meine Weise!"

Das Pferd springt rein
mit viel Genuss
in den strömend breiten Fluss.
Es wird dadurch – ach nein! –
zum fetten Hippo-Potamus.

Ein Frühchampagner wandert
mit sehr müden
Wanderfüßen die eine oder
andre Meil' nach Süden.
Bald wird es dunkel
und – welch Wunder! –
der Wandrer wird
zum Spätburgunder!

....
MR20100309

Rätsel

Von oben rund,
von unten rund,
von seitlich aber: Ypsilon!
Wer weiß es schon?
Wer kann's erraten?
Staunende G'sichter!
Um Lösung sie baten:
's ist halt ein Trichter ...

....
MR20101109

Abs t'andu n'dtre n'nung

Na chuns erenu n'terla
Genre isensi e'bal dab.

Si esol l'tenda herbit
Tefol gen dehi n'wei
Sebea ch'ten!

....
MR20101128

Weiterer Nonsens!

Willst zeugen du
in einem Flug,
musst überzeugen du genug!

Megahart hört man ganz oft,
doch ich mag's lieber microsoft!

Vor mir stehet die Tabelle,
schaut korrekt vom Schirm heraus.
Ich such lieber 'ne Kapelle
und schalt den Schirm ganz einfach aus!

Davon wird mir meistens übels,
treff ich den Finger statt des Dübels!

Willst Löcher du im Rasen haben,
nimm 'nen Sprenger, statt zu graben!

Nimmst Sprossen du
nicht vorbereitert,
pass auf, wo du
wirst hingeleitert!

....
MR20101128

Tierischer Nonsens!

Hast auf der Nase du ein Horn,
bist du ein Nashorn (aber nicht von vorn ...)!

Es streicht den Lack der freche Affe,
ganz einfach auf die Weinkaraffe!

Für ihn gibt's überhaupt kein'n Grund:
wirf ihn doch raus, den Schweinehund!

Gemütlich grunzt in mir der Bär,
ich mach das Leben mir nicht schwer!

Ein andres lebet drin in mir:
es ist das brave, faule Tier!

Und auch das Piksen muss mal sein,
stamm ich doch ab vom Stachelschwein!

Tassen, Töpfe, Pfannen, Tiegel,
mir träumt' heut' Nacht,
ich sei ein Igel!

Ein hoher Kopf ist meine Waffe,
drum fühl ich mich wie 'ne Giraffe!

Was manchmal für die Leber schlecht:
ich bin ein wahrlich toller Hecht!

Heiter, heiter, weiter so!
Ich glaub, ich bin sogar ein Zoo!

....
MR20101128

Der Kleiderschrank

Ein Kleiderschrank
ist furchtbar krank,
weil seine linke Eichentür
gerissen wurd' über Gebühr!

„Nicht länger", denkt er, „ich mehr dien'!",
beginnt, sich heftig zu verziehn.
Der Reißer steht ganz bös davor:
die Tür verschlossen, armer Tor!

....
MR20110428

Ein Füller schreibt
mit viel Gefühl.
Ein Müller mahlt
in seiner Mühl.

Ein Falter faltet
das Papier.
Der Walter waltet
im Revier.
Ein Bauer baut
sich Bohnen an.
Ein Schauer schaut
den Mohn sich an.

Ein Sehmann sieht
auf hohen Wogen:
sein Schiff wird bald
auf Grund gezogen.

....
MR20111006

PHILOSOPHISCHES

was bin ich

bin ich mehr
als materie
wenn ja
was

bin ich das was ich denke
oder
bin ich das was ich tue

bin ich das was ich fühle
oder
bin ich das wofür ich kämpfe

bin ich das was ich liebe
oder
bin ich das wofür ich geliebt werde

bin ich das was meine existenz auf andere existenzen bewirkt
oder
bin ich das was ich anderen existenzen verdanke

bin ich das was andere von mir denken
oder
bin ich das was andere von mir wollen

bin ich das was ein gott von mir erwartet
oder
bin ich das was ein satan von mir erhofft
ich bin
aber was

....
MR20090821

epistema

direkte einsicht
in alle unsichtbaren dinge
und vergängliches
besitzen wohl nur
die götter

den menschen bleibt
das folgern
aus beobachtetem
und das bemühen
um erkenntnis

....
MR20100217

essens 1

was ist etwas?
wie viel ist etwas?
wie groß ist etwas?
wie ist etwas beschaffen?
in welcher beziehung steht etwas zu etwas?
wo ist etwas?
wann ist etwas?
in welcher position ist etwas?
was hat etwas?
was tut etwas?
was erleidet etwas?

....
MR20100217

essens 2

das seiende
als werden und vergehen
hat teil
an den unveränderlichen ideen
des seins

wie sollte denn auch
die existenz von blauen dingen
aus anderem bestehen
als der teilhabe
an der bläue

....
MR20100217

essens 3

ein einzelnes verstehst du nur
durch den bezug
zum ganzen

das sein bildet die grenze
für alles
was uns einzeln
in der welt begegnet

denn wie sollte man
im gegebenen
den geber und das geben erkennen
sie bleiben darin unsichtbar

....
MR20100217

gut

ende gut
alles gut

sicher

alles gut
ende gut

vielleicht

....
MR20100217

logisch

cogito
ergo sum

logisch!

sum
ergo cogito

logisch?

....
MR20100217

einsicht

ich kapier nicht,
warum's so sein muss
und nicht anders sein kann
wo's doch genauso gut
nein besser
(zumindest bei näherer betrachtung
und unter berücksichtigung
aller so herumstehenden)
hätt sein können
aber ohne reinsehen
gibt's kein einsehen
was wär wohl
wenn alle wüssten
was sie wissen sollten
und auch noch sagen täten
was sie wissen
wissen denn wenigstens einige
dass sie nichts wissen
das tät schon ziemlich helfen
und dass eine medaille
im grund genommen
sogar drei seiten hat
(die dritte meist mit inschrift oder kerben)
das tät ich sogar zweisehen

....
MR20100301

Lebenszug

Der Lebenszug fährt
und wir sitzen drin,
irgendwie geborgen ...

Draußen rauscht
das Leben vorbei,
drinnen denkt keiner
an morgen.

Das Problem
sind die Haltestellen,
wo Menschen nach innen
und nach außen quellen.

Wer trennt das Eine
von dem Andern,
wohin werd ich wohl
einstens wandern?

....
MR20100531

idee

du ewiges muster
für alles
mit unseren sinnen
geformte und erkannte

erkennen ist erinnerung
an schon immer
in der seele
angelegte ideen

wir erkennen dich selbst
ausschließlich
durch unsere vernunft

wir sehen die dinge nicht
sondern wir denken sie
du selbst stehst unverrückbar
doch auch das unvollkommene
hat teil an dir

....
MR20101209

nichts 1

wie bitte
nichts
soll etwas sein
worüber nachzudenken
es sich lohnt

dass das seiende
nicht sei
und dieses
nichtsein notwendig ist
dieser weg führt
in die irre

sein und denken
sind dasselbe
daher ist es unmöglich
über das nichts
nachzudenken

....
MR20101209

nichts 2

nichts existiert
das heißt
es ist nicht der fall
dass irgendwas existiert
dann wäre alles nichts
was wiederum bedeutete
dass das nichts
doch offensichtlich
existieren muss
aber ist denn dann
nichts plötzlich etwas
nur weil ich
drüber nachdenke
oder wie
oder was

....
MR20111005

wirklichkeit

sie ist nur
weil sie wirkt
geboren allein aus
der verkörperten erfahrung
eines wesens wie dir

ihre grenzen liegen
im möglichen
und im notwendigen

gleicht sie nicht
einem traum
in dem du als träumer
ihre absolute form suchst
um ohne leiden
zu sein

....
MR20101209

mein denken beeinflusst mein handeln
mein handeln beeinflusst die welt
also
beeinflusst mein denken die welt
bleibt von mir
nur der sichtbare einfluss
auf die welt übrig
oder mein denken
existiert es weiter
wenn mein physischer körper
nicht mehr ist
wenn ja in welcher form
und wie lange
und wo
leben oder sein oder existenz
nach dem physischen exitus
zwingend
für die retrospektive
sonst wäre
alles physische leben
sinn- und zwecklos

....
MR20110318

noch einmal

nur ein einziges mal
verrückt sein
ohne eingewiesen zu werden
davonlaufen
ohne menschen zu verletzen
lieben wie ein verdurstender
ohne zu sündigen
leben gestalten
ohne anzuecken
nach lust und freude streben
ohne für oberflächlich
gehalten zu werden
schmerz vermeiden
leid vermeiden
ohne als schwaches
weichei zu gelten

schmerz ist seelensturm
lust ist sanfte dünung
und das prinzip
gelingenden lebens

dazwischen ataraxis
unerschütterlich

....
MR20110511

like diamonds

lying on black velvet
stars twinkle me
the story of those
small human ants
who feel so great
whose beings will not last
as long as a jittering of light
whose relevancy
is similar to a grain of sand
on a long shore
whose emotions however
will outlive everything
for longer than eternity
inextinguishable
billowing between galaxies

....

MR20110520

wie diamanten
auf schwarzem samt
blinzeln mir sterne
die geschichte zu
von den kleinen
menschenameisen
die sich so groß dünken
deren fristen
nicht länger dauert
als ein lichterflackern
deren bedeutung
einem sandkorn ähnelt
am langen gestade
deren gefühle aber
alles überdauern
länger als die ewigkeit
unauslöschlich
zwischen galaxien wabernd

....
MR20110520

spuren

meine kleider sind zerrissen
meine güter sind zerteilt
wenn ich dereinst
mal nicht mehr bin

wie eine krabbe
seitwärts laufend
im lebenssand
hinterlasse ich kleine tapser

wird sie wohl da sein
die erinnerung an meine taten
die erinnerung an meine gefühle
die erinnerung an meine worte
die erinnerung an meine liebe
die erinnerung an meine kämpfe

schön bedeutungslos oder
bedeutungslos schön

....

MR20110726

Verpasste Gelegenheiten

Wenn man damals doch nur,
ohne rot zu werden, einfach hätte ...
Dieses Dasgehtdochnicht
einfach vergessend,
Konventionen durchlöchernd,
umgehend und zerlegend,
hinweg argumentierend ...
dann hätte man heute,
Gott, gar nicht dran zu denken,
was man damals offensichtlich
doch nicht stark genug
und wunschverkennend
haben wollte!

Conditio sine qua non
oder auch letzte Chance.
Irrealis der Vergangenheit
stärker als mutiges Futur.
Heuristisches trial and error,
Schafkopfen mit dem Boandlkramer
um trügerischen Zeitgewinn.

„Halbherzig manchmal hat man ja!“
ist eine schwache Verteidigung.
„Tue, was Du tust,
mit ganzem Herzen!“
hätt’ es heißen müssen.
Noch einen Versuch wagen
sollte man schon ...
Oder?
Vielleicht!

....
MR201100818

Ermunterung

Auf bricht ein jeder,
des Hierseins überdrüssig.
An kommt nicht jeder,
weil's Dortsein überflüssig.

Zurück kommt der Eine,
zurück bleibt der Andre:
das Leben Dir scheine!
Drum, Zauderer, wandre!

....
MR20110906

Größe und Respekt

Ein Sandkorn spricht
zum Wattenwurm:
„Du Riesengott!
Oh, friss mich nicht!"

Die Kleingalaxis
zu dem All:
„Ach, wär auch ich
universal!"

Dem Schöpfer aber
von dem allen,
dem will's gar nicht
recht gefallen!

„Muss dringend doch
den Elementen,
auf dass sie
ihre Größe kennten,
Respekt beibringen
noch und noch
vor allen diesen Wunderdingen!"

....
MR20110912

Weltenplan

Warum überhaupt
wohl alles existiert?
Keine Ahnung!
Bild ich's mir ein:
alles nur Schein?
Keine Planung!
Alles verändert sich:
tu das auch ich?
Welche Ermahnung!
Am Ende Staub.
Ob ich das glaub?
Welch ungeheuerliche
Verzahnung!

....
MR20110912

sintfluten
erdbeben
feuersbrünste
weltkriege
pogrome
massaker
hungersnöte
alles von menschenhand
und dies trotz
einer allgüte
die solche übel
nicht verhindern kann
sind wir denn
ein fehlkonstrukt
mit unserem
so genannten
freien willen
was ist da nur
schiefgelaufen

....
MR20111006

wo licht ist
da ist auch schatten
muss deshalb da
wo gutes ist
auch böses sein
wirft daher wohl
die allmächtige güte
einen solch bösen schatten

....
MR20111006

woher
wir unwichtigen
woher

wozu
wir menschen
wozu

wohin
wir winzlinge
wohin

....
MR20111006

gibt es einen
schöpfungsschöpfer
wenn ja
warum hat er das getan
langeweile
wird er gehabt haben
und einsam
wird er gewesen sein
womöglich
braucht er uns als fans
oder als
lustiges spielzeug
wozu denn auch
ein gott
wenn ihn keiner anbetet

....
MR20111006

SPIELEREIEN

gnomus

im walde tanzt er einen reigen
mit den fabelwesen kleinen
auf die berge will er steigen
und dort poltern mit den steinen

nur dem wasser hält er sich
wo möglich meistens fern
denn seine feinstoffform
löst auf sich schnell beim baden gern

viel wissend gnomt er durch die zeit
ein noldor knorrig und bereit
zu necken als ein kobold hier
zu helfen als ein wichteltier

....
MR20100301

Zehntausend Lettern,
davon nur dreimal ich:
was soll ich drüber wettern?
Dazu stehe ich!

Der Pornofilm erfreuet sich
(da wird's mir oft ganz nebelich)
der drei von meiner Sorte
und die Strahlung, voll Entzücken,
tut mit mir als Nam' sich schmücken.
Beim Rechnen, wie 'ne schöne Tante,
bin ich meist die Unbekannte.

Und manche Fernsehsendung (gähn!),
so Faktor, Terra oder men,
die findet mich im Titel schön!
Hieß Samech einst und Xi,
das wissen Leute meistens nie ...

Und wenn man mich
so in der Mitte
ganz einfach auseinanderschnitte
und die Einzelteile
nur etwas böge,
dann hätte man's vollbracht
und aus mir zwei Us gemacht!

....
MR2010301

Streit eines Antilopenpärchens

Er sagt zu ihr: „Du Kuh, Du!
Hör mir nur auf mit Voodoo!"

Darauf entgegnet ihm die Schöne:
„Jetzt mach ich Dir 'ne Wahnsinns-Szene!
Ich hab voll von Dir genuch
und Voodoo hilft mir beim Versuch,
zu finden eine Gegenschleife,
die mich liebt und ehrt, Du Pfeife!"

Der Antiloop, er schleift nun gegen
und zieht hinaus in starken Regen ...

....
MR20100302

Der Auerochs

Voll Verzweiflung und gestresst
der Auerochs die Weid' verlässt.
„Wie soll ich wissen, ob's noch reicht?
Kein Perpendikel tut mir schwingen,
kein Zifferblatt tut mir erbringen
die rechte Zeit!" Er fängt
zu rennen an, bedrängt.

Ein wicht'ges Date, das hat er heut',
beim Horloger in Hinterkreuth.
Der wiederum bleibt äußerst cool
und reicht dem Auerochs 'nen Stuhl.

Nach Minuten des Verpackens
(beim Auerochs auch des Entschlackens)
folgt der Abschied dieser beiden,
jeder kann den andern leiden.

Dann verlässt – oh seht doch nur! –
Der Auerochs die Stadt mit U(h)r!

....
MR20100302

Der Lustmord

Die Muse liegt ganz nackt herum,
die Rundungen: da drehst Dich um!
Die Haut jedoch – du meine Güte!
sieht aus nach starker Cellulite ...

Und hinter eines Busches Lücke
lauert ein Pampel, voller Tücke!
Er springt hervor und haut voll Freuden
sein Messer ihr ins Eingeweiden!

Es quillt das Fleisch, es spritzt der Saft!
Das Gelb wirkt nun ganz musenhaft.
Doch der Pampel – voll Genusse –
gräbt seine Zähne in die Muse!

....
MR20100302

Metamorphose

Die Treppenroll
fühlt sich ganz toll
in ihrer ruhend runden Form.

Als Rollentrepp' jedoch
fühlt sie sich besser noch.
Enorm!

....
MR20100302

Sehnsucht

Die Sehne sucht ganz wild
nach diesem Kreis, der sie gebildt
durch die Trennung vom Segment,
und denkt an ihn ganz vehement:

Ohn' Kreis ist sie beraubt
der Existenz und überhaupt!
Doch abzuhängen von dem Runden
birgt Suchtgefahr, ganz unumwunden!

Drum nennen wir, sehr lapidar,
die Sache einfach SEHNSUCHT gar ...

....
MR20100302

Wohin gehst du?
Ins Kino!
Was läuft denn?
Quo vadis!
Was heißt das?
Wohin gehst du!
Auch ins Kino!

Dieses war ein Kringelsatz,
aber nicht von Ringelnatz ...

....
MR20100302

Begierde eines Ziegenhaares

Die Kaschmirziege
wird geboren,
damit sie lange Haare kriege.
Die werden dann geschoren.

Das Ziegenhaar fühlt sich
ganz wohl in seiner Rolle
als wichtiger Bestandteil
weicher Wolle.

„Wie schön es wär',
wenn Einer einen dicken
Pullover täte aus mir stricken!",
denkt es ganz heftig.
„Auf nackter Haut zu liegen! Deftig!"

Am Ende wird sein Wunsch dann wahr:
das Haar vergeht in Woll-Lust gar!

....
MR20100302

Der Friedensvogel

Oft um die Welt geflogen,
oft aber auch betrogen!

Darum:

Rufe der Menschen,
so hehre,
gehen heut' meistens
ins Leere,
ungehört und
ohne Glaube,

denn:

der Vogel ist blind und Taube!

....
MR20100309

Der Klaubenssatz

Der Gläubiger
klaubt von der Masse
sich nur heraus,
was für ihn klasse.

Dem Schuldner
hängen hoch die Trauben
und voll Verdruss
muss er dran glauben!

....
MR20100309

Der Loser

In dunkler Ecke einer Kasse
saß einst ein Floh,
von Farbe blasse
und vom Körper mager,
denn er hielt sich für ’n Versager.

Herein kam da
durch’s Hintertürchen
die blanke Gier
mit Traumfigürchen!

Schmiert Honig ihm
um’s Sauggerüssel:
„Floh, pass nur auf,
ich hab den Schlüssel!
Vertraue mir!
Gar keine Sache,
dass ich aus Dir
den Cash Flow mache!“

....
MR20100309

Einsperren

Es brüllt ein Hornochs,
laut von Stimme,
er wolle raus aus seiner Box,
ganz voller Grimme.

Drauf sagt der Leid gewohnte Bauer:
„Sei nur ganz still, sonst werd' ich sauer!
Kein Mensch bleibt doch –
Das fehlte noch! –
ganz ungeschorn
wenn er 'nen Hornochs
(Mensch mit Horn)
lässt frei so einfach
aus der Box!"

....
MR20100604

Die Blauwahl

Ein Blauwal schwimmt – ganz Demokrat –
zum Wählen in die große Stadt.

Doch die kahle Wahlkabin'
ist leider viel zu eng für ihn.

Und auch so viel Parteienfarben!
Mein Gott, wie muss er darob darben!

Das Wählen wird für ihn zur Qual,
denn Blaue stehn heut nicht zur Wahl!

....
MR20100804

Gator und Mente

Die Alligatrix macht dem braven
Alligator schwer zu schaffen:
„Heirate mich, Du großer Sünder
und Vater meiner vielen Kinder!“

Der Gator hebt ganz fix die Hände:
„Da zahl ich lieber Alimente!“

....
MR20100804

Der Unterschied

Ein Wanderstab nützt stark sich ab,
geht's auf dem Weg sehr steil hinab.
Ein Buchstab hat da viel mehr Kraft,
sein Inhalt bleibt uns dauerhaft!
Den Maßstab aber nicht vergessen,
der messen will, oh, wie vermessen!

....

MR20110713

Die Gurkenkur

Die Gurke hat 'ne Kur gehabt
und sich in Bädern fein gelabt.
Doch am Gipfel des Verwöhnerns
und des herrlichen Verschönerns
da hat man ihr – wohl aus Versehen –
(so recht kann ich das nicht verstehen)
'ne dünne Scheib' von ihresgleichen
auf das Gesicht gelegt!
Sie tat erbleichen!
Dann schließlich ist sie abgereist,
was wieder einmal toll beweist,
dass wer, der sowas nicht kann tragen,
braucht keine Kur in diesen Tagen!

....
MR20110912

Die Notgämse

Wenn zu kühn wird in der Wand
die starke Gämse arrogant,
gerät sie schnell in Bremsennot!
Da fällt auch mal 'ne Gämse tot ...

....
MR20110912

WEISHEITEN

Aufbruch

„Tue endlich, was Du wirklich willst!“,
ruft mir die Sonne zu.

„So lass mich in Dir schlafen!“,
rufe ich zurück.

„Aber dann brenn ich Dich!“

....
MR20100301

Relative Stärke

Stärke heißt,
zu erkennen, dass kein Drücken hilft,
wo's zu ziehen gilt,
zu schreien, wenn andere schweigen,
zu schweigen, wenn andere schreien,
Tränen zu weinen oder aufzufangen,
sich fallen zu lassen,
wenn man auch sitzen könnte,
zu stehen, wenn man auch rennen könnte,
eine Tafel Schokolade zu essen
oder auch nur ein Stückchen,
sich auf andere zu verlassen
oder auf sich selbst,
zu lieben, ohne geliebt zu werden,
zu hassen, ohne gehasst zu werden,
zu kämpfen oder zu fliehen,
eine Maske zu tragen
oder sie abzunehmen,
Distanz zu halten
oder Nähe zuzulassen,
zu akzeptieren oder zu protestieren,
zu agieren oder zu reagieren,
gelassen zu sein oder ärgerlich,
traurig zu sein oder fröhlich,
perfekt zu sein oder unvollkommen,
Musik zu machen oder Musik zu hören,
gar keine oder auch ganz harte Bedingungen zu stellen,
Vorsicht walten oder das Risiko geschehen zu lassen,
begeistert zu sein oder skeptisch,
wissend zu sein oder unwissend,

zu fordern oder zu verzichten,
zu begehren oder abzuschwören,
zu träumen oder zu wachen,
zu kochen oder zu essen,
Verluste als Gewinn an Freiheit zu betrachten,
zwar im Jetzt zu leben,
aber dennoch an das Gestern und das Morgen zu denken,
auch den Wahnsinn
manchmal als Sinn zu akzeptieren,
Sinn zu geben oder Sinn zu suchen,
albern zu sein oder ernsthaft,
spontan zu sein oder überlegt,
Kind zu sein oder Greis,
Mann zu sein oder Frau,
Zugvogel zu sein oder Faultier,
Tür zu sein oder der Raum dahinter,
Fenster zu sein oder das Freie dahinter,
Feuer zu sein oder Eis,
Bach zu sein oder Quelle,
Stern zu sein oder Planet,
Planet zu sein oder Mond,
tiefer Krater zu sein oder Berggipfel.

Je nachdem eben.

Und dazu kommt noch
alles, was dazwischenliegt.
So viele Gelegenheiten!
So viel Leben!

Wie könnten wir da schwach sein?

....

MR20101119

Grenzen

Betonmauern und Stacheldraht,
Grenzzäune und Schlagbäume,
Passkontrollen und Selbstschussanlagen,
Patrouillen und Kommandos,
Wachttürme und Spähtrupps,
Zoll und Sprachverwirrung:

Lasst uns lieber
Bettlaken als Grenzen verwenden.
Sie sind viel leichter zu entfernen.

....

MR20101120

Konsequenz

Ein Wesen ist,
was auch gescheit,
zu Rollenspielen nicht bereit!

Ein andres wähnt:
„Bist Du denn tolle?
So spielst Du niemals eine Rolle!“

....
MR20101120

Warum Abschied weh tut

Abschied zerstört Illusionen.
Abschied beendet Träume.
Abschied macht leer.
Abschied verhindert klaren Blick.
Abschied verursacht rote Augen.
Abschied verursacht laufende Nasen.
Abschied verringert einen.
Abschied klagt an.
Abschied ist unerbittlich.
Abschied kostet Kraft.
Abschied macht hilflos.
Abschied produziert Vergangenheit.
Abschied erinnert an Ungesagtes.
Abschied ist stärker als Vernunft.
Abschied schreit nach Wiederholung.

Wegen alldem
tut Abschied weh.

Ruf doch die Hoffnung
Dir zu Hilfe:
sie lässt Dich erkennen,
dass der erste Schritt fort
auch immer ein Schritt hin ist.

....
MR20101126

gittergrund

gitter
sperren ein
versuch es
sie sind zerbrechlich
nimm worte
und sie zerfallen
nimm gesten
und sie stürzen ein
nimm taten
und sie verschwinden

achte aber
auf die reste
aus denen manche
neue gitter bauen wollen
achte auf den grund
auf den sie oft
so fest gestellt sind
vielleicht bist du es selbst

....
MR20101128

Am Morgen

Nach Golde drängt,
am Golde hängt
die viel zu frühe
Morgenstunde.
Hat sie denn wirklich
Gold im Munde?
Nein, nein: ich mag doch
Silber noch viel mehr
und bleib vergnügt
im Daunenmeer ...

....
MR20110906

Der Apfel

Ein Apfel hängt
am Stiel ganz klamm,
will aber fallen
nicht vom Stamm!

Ganz rotreif wehrt
er sich verzweifelt!
Die Freunde sind
schon aufgehäufelt!

Am Ende tut
der Baumesrüttler
nur noch einen
sanften Schüttler:
der Apfel fällt
aus seiner Welt!
Doch durch diese
letzte Trimmung
erfährt er schließlich
die Bestimmung!

Auch bei uns Menschen,
groß und klein,
muss oft ein
sanfter Schubser sein!

.............................,
MR20110912

Lebenslauf

Ein ganz toller Lebenskäufer
hat genau eine Sekund'
zu lang beschleunigt und
nun liegt er auf dem Läufer!
Hätt' gebremst er in der Not:
er säße immer noch im Boot!

....
MR20110912

Wortgewalt

Manche Worte prasseln erbsgrün-hülsig
in bereite Ohrentöpfe.
Flatulenzen bahnen sich
geräuschvoll ihren Weg.

Manche Worte krachen messing-hülsig
über den Empfänger hin.
Zerstörende Granatenmesser,
inhaltsleer dahingeworfen.

Freie Worte fliegen schneeball-weiß
zum Gegenüber-Menschen,
Freudenlachen zeugend,
Lebensbasis schaffend.

MR20111004

denkverbote
erzeugen
gedankenfluten
denk ich jedenfalls
manche auch
in denkfabriken
durchaus denkbar
wer nachdenkt
denkt auch voraus
denk ich jedenfalls
denk dich rein und
denk dich sauber
sauber durchdacht
denkste

....
MR20111006

ZEIT

tempus fugit

habe keine zeit mehr
sie ist mir davongelaufen
hätte sie mir lassen sollen
hätte sie mir nehmen müssen
habe sie stattdessen überschritten

muss nun eben auf zeit spielen
oder am ende mit der zeit gehen
das ist nur noch eine frage von ihr

jetzt drängt sie auch noch ...
vielleicht kommt meine zeit ja erst
vielleicht gewinne ich sie wieder
geh ja nicht vorbei
du liebe zeit

....
MR20090813

zeit 1

fängt nicht an
hört nicht auf
hat keine farbe
hat keinen körper
hat keinen laut
hat keinen geruch
unantastbar
unbegreiflich richtungslos
unterscheidet nur
den einen vorgang
von dem andern
und bildet daraus dann
vergangenheit und zukunft
was war davor
was kommt danach
zeitlos diese frage
zeitlos diese menschen?

....
MR20090813

zeit 2

sagt einer:
hab keine zeit!
sagt ein anderer:
nimm sie dir doch!
sagt der erste wieder:
hab sie mir aber vertrieben!
und ein weiterer:
hab sie verplempert!
und noch einer:
hab sie einfach totgeschlagen!
und wieder einer:
hab einfach keine gefunden!
und der nächste:
sie ist einfach so vergangen!
und der letzte:
hab sie verloren!

sag ich:
ach du liebe zeit!

....
MR20100212

Preiswert

Hatte plötzlich
keine Zeit mehr.
Wusst' auch nicht,
woher sie nehmen.
Da bin ich,
ohne mich zu schämen,
einfach fortgegangen,
um käuflich sie
mir zu erlangen.

Ging suchend durch verwaiste Straßen,
ein manches Mal durch stille Gassen.
Doch auch Menschenmengen, hastend,
sah ich, ihre Seel' belastend.
Viele frug ich,
ob sie Zeit denn hätten:
die Antwort war mitleidig Lächeln,
hinter Mienen, ach, so netten ...

Ob Zeit denn jemals
ich wohl finden würde:
diese Frage war
nun lange meine Bürde.
Der Weg so lang!
Und ich so bang!

Da sah ich ihn, voll Vorwärtsstrebens,
den „Kaufpalast des schönen Lebens“,
und betrat ihn voller Freude:
was für ein herrliches Gebäude!

In den Regalen, ganz entzückend,
und auch mich nun sehr berückend,
eine Riesenauswahl:
Gesundheit, Wohlstand, Freude, Friede,
Gelassenheit, Zuversicht, Hoffnung, Liebe,
Gerechtigkeit, Achtung, Glücklichsein!
Fällt dir ergänzend noch was ein?

Dies alles gab’s da, wohl verpackt,
und ich – nun plötzlich unverzagt –
frag einen Mann,
ob Zeit denn auch sie hätten!

„Bedaure sehr, mein Herr, pardon!“,
sagt er mit ruhigem, festem Ton.
Und auf die vielen Waren zeigend,
sich sanft in meine Richtung neigend:
„Dies alles ist für Ihr Pläsier,
mit Zeit jedoch bezahlt man hier!“

....
MR20101031

man sollte sich
keinesfalls wünschen
dass die zeit stehen bleibt
weil's grad so schön ist

ohne dass die zeit vergeht
kannst du nicht wahrnehmen
dass es so schön ist

....
MR20110922

wenn zeit jemals
entstanden wäre
so war davor
(davor?)
nur leere

leere alles unverändert
stasispunkt nicht fluss
horizonte zeitgerändert
weil's eben einfach
so sein muss

....
MR20110922

zeit entsteht
durch wahrnehmung
von veränderung
veränderung entsteht
durch zeitlichen ablauf
wahrnehmung entsteht
durch zeitliche veränderung

....
MR20110922

MARTIN RÜCK

1955 .... geboren in Stuttgart
1974 .... Abitur am humanistischen Karls-Gymnasium Stuttgart
1974-1975 ..... Grundwehrdienst
1975-1978 ..... Studium der Physik in Stuttgart und München
1979 .... Heirat mit Elisabeth Ch. Hock (Musikerin)
1979-1981 ..... Ausbildung zum Bankkaufmann
1981 bis heute. . Ausübung des Berufes, diverse Fortbildungsmaßnahmen, aktuell Vermögensmanager für Unternehmenskunden
1992 .... Geburt der (einzigen) Tochter Daniela
2009 .... Beginn der Schreibtätigkeit
2010 .... Teilnahme am Gedichtwettbewerb der Brentano-Gesellschaft
2011 .... Zusammenstellung der ersten 149 Gedichte

Interessen .... Musik (überwiegend „E"-Musik von 1600 bis heute, Hobby-Bratscher, aber auch Jazz, Pop und Rock), Philatelie und Postgeschichte, Kunst, Literatur, Hobbykoch, Verfechter von Allgemeinbildung und „gesundem Menschenverstand". Und noch viel mehr ...